ISABELLE II

ET

L'ESPAGNE

PARIS
IMPRIMERIE BALITOUT, QUESTROY ET Ce.
7, rue Baillif et rue de Valois, 18.

ISABELLE II

ET

L'ESPAGNE

PARIS

E. DENTU, LIBRAIRE-ÉDITEUR

PALAIS-ROYAL, 17-19, GALERIE D'ORLÉANS

—

1868

ISABELLE II

ET

L'ESPAGNE

I

En présence de la situation faite à la Péninsule par le *pronunciamiento* de Cadix, et de l'impossibilité où se trouvent aujourd'hui les chefs du mouvement de la prolonger davantage, chacun s'empresse à indiquer la solution la plus conforme aux intérêts de l'Espagne, et la plus agréable aux hommes du pouvoir, résolus à ne point laisser les événements s'accomplir sans en tirer un avantage personnel.

Des prétendants au trône ont été mis en avant. Le ridicule a tué ceux que la morale publique ou la légitime fierté du peuple espagnol n'avaient pas encore pris la peine de condamner. Aussi ne s'agit-il plus, parmi les triomphateurs embarrassés, que de choisir, entre la République reconnue impossible, et la royauté d'un espagnol. Ni Espartero ni Prim n'oseraient avoir la folie d'aspirer au trône. Don Carlos ne saurait être accepté ni comme représentant du passé, qu'il désavoue, ni comme représentant de l'avenir, dont ses prétendus droits sont la négation absolue. Il ne resterait alors de réalisable que l'avénement du Prince des Asturies sous une Régence, c'est-à-dire avec tous les inconvénients et toutes les éventualités dangereuses d'une minorité.

Les espagnols sérieux et impartiaux, qui n'avaient à devenir ni amiraux, ni Présidents du Conseil, ceux-là surtout dont les capitaux ont aidé à la rapide transformation de la Péninsule, interviennent enfin et se demandent à quoi a servi le *pronunciamento* de Cadix, de quelle utilité il pouvait être, et si la meilleure, par conséquent la plus logique des solutions, n'est pas le retour à Madrid de la Reine constitutionnelle.

Tous les actes, tous les écrits du nouveau Gouvernement sont autant d'aveux de l'inanité de ses efforts, de l'inutilité de son existence. Si le *pronunciamento* de Cadix a causé des désastres sans nombre, il aura eu du moins le triste mérite de démontrer aux Espagnols, et cette fois d'une façon indiscutable, qu'ils ont tout à perdre, sans avoir rien à gagner, dans ces luttes déplorables causées et avivées par des intérêts privés et par des ambitions personnelles, imposant au Pays de lourds sacrifices, mais ne lui procurant jamais le moindre avantage matériel.

Plusieurs fois déjà, au péril de sa vie, la Reine Isabelle s'était personnellement opposée au triomphe de ces intérêts et de ces ambitions, en les dominant ou en les sauvant par une sorte d'adhésion, qui n'était en réalité que la forme la plus généreuse du pardon.

La Reine Isabelle ne pouvait plus se prêter à d'autres compromis sans paraître encourager le crime.

Certes, si elle était de nouveau rentrée à Madrid, Serrano y serait certainement accouru, les vêtements tachés du sang de Novaliches, pour s'offrir comme premier ministre et lui prêter serment en cette qualité. Elle a préféré, en s'éloignant, permettre à son peuple de juger enfin à l'œuvre les hommes qui se prétendent seuls capables de régénérer et de moraliser la Nation.

Elle n'a pas abdiqué, elle n'abdiquera pas.

Ses ennemis invoqueraient en vain sa retraite volontaire comme un argument en faveur de la vacance du trône. Cet argument ne sera d'aucune force auprès d'un peuple qui doit justement, à la haute raison et au calme de sa Souveraine devant la trahison et la révolte, la possibilité d'écarter encore en ce moment l'anarchie et la guerre civile.

Le nouveau Gouvernement devra donc obtenir, de la Nation ou des Cortès, la déchéance de la Souveraine. De la Nation, nous l'en défions. Des Cortès, nous en doutons ; et, cependant, les députés devront être élus par provinces au lieu de l'être par districts, ce qui laisse toujours à l'audace révolutionnaire un plus vaste champ.

La lutte est, par conséquent, engagée devant le Peuple espagnol, entre la Reine Isabelle, qu'il a choisie librement dans un berceau, qu'il a défendue contre la plus affreuse des guerres civiles, qu'il n'a cessé d'aimer, d'acclamer depuis lors, et un groupe d'hommes sans autres titres que ceux qu'ils ont reçus d'elle, sans autre mérite que l'ingratitude, sans autre principe que la trahison.

Dans de telles conditions, l'issue de cette lutte n'est pas douteuse ; et la Reine a bien fait de laisser le champ libre à ceux qui l'ont engagée. Seulement, l'heure est venue pour Isabelle II d'y prendre part comme Souveraine, sans autres armes que sa conduite, sans autre influence que celle de son droit.

Le Gouvernement provisoire, en réduisant officiellement la question à cette lutte personnelle, ne témoigne-t-il pas éloquemment contre la raison d'être du dernier *pronunciamiento*? Il veut la Monarchie. Ce n'est pas contre elle alors que les prononcés de Cadix ont combattu. Il la veut constitutionnelle. Ce n'est pas alors l'ordre de choses existant que Topete a trahi. C'est donc uniquement la Reine qu'on a voulu frapper. Pourquoi?

Il est suffisamment démontré qu'Isabelle, n'étant jamais sortie de son rôle essentiellement constitutionnel, les Cortès futures ne peuvent légalement exiger des comptes du passé que des ministres successivement chargés par elle de gouverner le Pays. La plupart des hommes du Gouvernement actuel doivent alors s'asseoir sur la sellette et non pas la Reine, qui ne s'est jamais refusée à faire le bien ni à signer les décrets présentés à sa signature. Si Topete n'a pas, il est vrai, été élevé en grade, c'est que ses propres compagnons l'accusaient de n'avoir fait qu'une partie de son devoir devant le Callao. Est-ce à la Souveraine qu'il devait s'en prendre? Non; et ce sera de sa part un bien faible argument en faveur de sa trahison que de baser son subit amour de la Démocratie sur le mécontentement qu'il éprouva de ne pas être fait amiral.

Les hommes du Gouvernement provisoire de l'Espagne font bien d'attribuer cyniquement leur haine pour la femme à leur éloignement du pouvoir. Tout autre motif ne serait pas admissible. Et pourtant, ce motif étrange ne devient-il pas contre eux une cause de suspicion légitime? A part l'incompétence d'un homme, à juger s'il est ou non le seul capable de gouverner, ne faut-il pas aussi reconnaître que, s'il l'était réellement, s'il représentait l'esprit de la majorité de la Nation, sa Souveraine se garderait de lui demeurer systématiquement hostile. Or, dans ce cas, les faits viennent à l'appui de la répugnance royale. Les personnages dont il s'agit ont occupé le pouvoir; et, toujours, Serrano comme les autres, ils ont été obligés d'en descendre sous la réprobation publique, après avoir fait preuve de la plus complète incapacité.

II

Nous n'avons pas à examiner ici les causes qui déterminèrent Ferdinand VII à changer l'ordre de la succession au trône et à se souvenir que la couronne d'Espagne fût aussi glorieuse au front d'Isabelle la Catholique qu'au front d'Alphonse le Sage. La preuve qu'il répondait aux aspirations vraies de son Peuple, en agissant de la sorte, résulte des événements qui suivirent sa mort, et consolidèrent son œuvre, en faisant triompher sa fille encore au berceau de la plus longue et de la plus acharnée des guerres civiles. La Reine Isabelle II n'est pas seulement Reine de par la volonté des Cortès qui l'ont plusieurs fois acclamée comme Souveraine légitime ; elle l'est en vertu du suffrage le plus unanime et le plus éloquent, *non pas simplement formulé sur un bulletin de vote, mais tracé quotidiennement pendant huit années, par tous les hommes valides, avec le sang de leurs veines.*

On ne peut pas dire qu'Isabelle II ait le moins du monde influencé les combattants. Prise dans son berceau pour servir de symbole à des idées qu'elle ne pouvait pas comprendre, elle a reçu à la fois de ses partisans la puissance et l'éducation. Elle n'est devenue majeure qu'à la fin de la guerre civile, c'est-à-dire lorsqu'elle ne pouvait plus être accusée d'avoir fait verser, en connaissance de cause, une seule goutte de tout le sang qu'on a répandu pour elle. On ne saurait invoquer contre son droit aucun des actes de la Régence de Marie-Christine ou de la Régence d'Espartero. Aux mains de sa mère, comme dans celles du Duc de la Victoire, elle n'était qu'un drapeau ; et, si ses facultés ne s'étaient pas développées, ce serait à Olozaga plus qu'à elle qu'il faudrait en grande partie s'en prendre, puisqu'il fut le précepteur de la femme avant de devenir le ministre de la Reine.

Déclarée majeure avant l'âge, et alors, il faut en convenir, encore incapable de bien se rendre compte de ses droits et de ses devoirs, quels hommes a-t-elle constitutionnellement chargés du soin de l'éclairer ? Olozaga et Serrano, qui n'auraient pas eu la peine de la déclarer hier un obstacle traditionnel et insurmontable au bien du Pays, s'ils avaient profité à cette époque du pouvoir qu'ils en reçurent pour rendre à l'Espagne sa grandeur et sa prospérité. On lui reproche d'être catholique, n'est-ce pas dans les discours d'Olozaga qu'elle a puisé le culte de l'unité religieuse? Si elle a cru devoir écarter d'elle, au dernier moment, le Duc de Montpensier, n'est-elle pas restée, malgré cela, bien au-dessous du mépris et de la haine professés, en plein Sénat, contre le Prince d'Orléans par Serrano lui-même, dans des discours concertés avec le cabinet de Londres. Ce qu'ils ont voulu alors, elle l'a voulu. Ce n'est pas elle qui les a renversés, c'est le Pays, indigné de leur conduite et révolté de leur impuissance.

N'est-ce pas également et uniquement le Pays, représenté par la majorité des Cortès, qui a imposé à la Reine les hommes du parti modéré dont, à leur tour, elle a écouté les conseils avec le même respect pour le pacte fondamental, mais avec une prudence de plus en plus remarquable, au fur et à mesure que l'expérience et l'âge développaient en elle des facultés exceptionnelles.

En 1847, la politique lui impose un mari dans une intention que la Providence déjoue. Sa conduite politique à la suite de cette union témoigne de la façon à la fois prudente et ferme dont elle a su exercer ses prérogatives constitutionnelles, dès que l'âge lui a permis de comprendre qu'elle devait tout subordonner aux vœux de la majorité de ses Peuples.

Aux vœux des Cortès, que de fois n'a-t-elle pas sacrifié même Narvaez, dont l'épée, cependant, a tant fait pour consolider son trône. Se prêtant à tout ce que la majorité croyait capable de développer les ressources du Pays, elle confia successivement le pouvoir à Bravo Murillo et à Sartorius. Leurs projets de réforme, approuvés par tous, auraient complété l'œuvre de Narvaez en ajoutant la prospérité à la stabilité, si l'élément militaire n'avait réagi, alors comme aujourd'hui, dans un but exclusivement égoïste, contre les mesures constitutionnellement discutées par les représentants légaux de la Nation.

Tous les ministres qui ont gouverné l'Espagne depuis la première chute de Serrano jusqu'à l'avénement d'O'Donnel ne permettraient pas que la Reine pût être déchue comme responsable de leurs actes, sans déclarer et sans rappeler qu'elle n'a approuvé ces actes qu'aux termes de la Constitution, c'est-à-dire lorsqu'ils étaient présentés à sa signature par des ministres investis de la confiance de la majorité des Cortès.

Nous vivons à une époque où le droit prime la force, où la raison prévaut contre l'épée. Isabelle II, soutenant Bravo Murillo et Sartorius contre des généraux avides de pouvoir, n'obéissait elle pas strictement à ses devoirs constitutionnels ? Pour peu qu'on réfléchisse et qu'on soit de bonne foi, n'est-on pas obligé de convenir que le *pronunciamento* vicalvariste fut le triomphe de la barbarie sur le progrès? Étaient-ils les suppôts d'un tyran, ces ministres en habit noir dont le seul désir était de faire discuter des réformes par les représentants de la Nation, sans l'ingérence du sabre? Ne faudra-t-il pas déchirer l'histoire avant d'affirmer que la Reine Isabelle voulut opprimer l'Espagne par la force, quand elle n'était au contraire préoccupée, en 1854, que de l'intention de rendre à l'armée espagnole son véritable caractère de gardienne de l'honneur et des institutions du Pays?

Les choses en étaient là, lorsqu'un général fut appelé de Saragosse par le Comte de San-Luis pour prendre le commandement de la cavalerie. Il l'exerçait depuis quelques jours, lorsque le ministre, prévenu de ses intentions perfides, lui fit loyalement part des soupçons qu'il inspirait. Le général s'indigne, prend le ciel à témoin de sa fidélité, jure qu'on peut avoir confiance dans sa loyauté, accepte à diner du ministre ; et, le lendemain, au point du jour, entraîne les escadrons dans la campagne sous prétexte de grandes manœuvres, mais en réalité pour les ranger sous les ordres des généraux qui ne veulent pas permettre au Pays de se soustraire à l'oppression de leurs épées.

En attribuant à un sentiment d'effroi, l'entrée de la Reine en France après Alcolea, on a oublié que, se trouvant à l'Escurial lors de la trahison que nous venons de raconter, elle n'hésita pas à regagner Madrid, à traverser les plaines occupées par la cavalerie révoltée, pour fortifier de sa présence le courage de ses conseillers, qui ne fut malheureusement pas en cette occasion à la hauteur du sien. Le canon de Vicalvaro tonna ; l'armée se prononça ; et, bientôt, la Reine fut obligée d'en appeler au Pays, après avoir subi la présence auprès d'elle de ces généraux qui prétendaient représenter l'Espagne beaucoup mieux que ses députés. Tous ceux qui connaissent les hommes et les choses de la Péninsule savent qu'à cette époque ils avaient déjà vendu leur Souveraine. Que n'osèrent-ils alors la précipiter du trône ? Ils ne l'osèrent pas, parce que des Cortès constituantes, élues cependant sous leur pression, refusèrent de se prêter à leurs desseins, et acclamèrent de nouveau, à la face de l'Europe, Isabelle II comme Reine légitime.

La Souveraine reprit son rôle constitutionnel, sans vouloir se souvenir de la trahison. De 1854 à 1868, il serait, comme toujours, impossible de signaler de sa part un seul acte tendant à la soustraire à l'influence de la majorité des Cortès, élues conformément aux lois du Pays. Nul mieux que Serrano ne peut, du reste, l'affirmer, puisque, il y a trois ans à peine, il sollicita la triste faveur d'ensanglanter Madrid pour empêcher la Reine d'apprendre des espagnols, en les appelant au vote, si la majorité d'alors, élue sans la participation des progressistes, n'était pas faussée dans son essence. Il serait curieux que Serrano invoquât, comme un des motifs de la déchéance de la Reine, les massacres auxquels il présida contre son gré à elle.

O'Donnel et Narvaez ont presque toujours et alternativement gouverné depuis 1854. Est-ce à de tels ministres qu'on oserait enlever la responsabilité de leur administration pour la faire peser sur la Reine? Depuis leur mort, deux autres hommes ont présidé ses Conseils : Gonzalez

2

Bravo et Concha. Le premier ne souffrirait pas qu'on lui disputât la responsabilité de ses actes. Quant au second, il ne saurait dire que la Reine a pesé en rien sur ses résolutions, puisqu'elle n'a pas cessé d'être éloignée de Madrid depuis qu'elle a reçu son serment, puisque c'est bien de son propre mouvement qu'il a laissé à la populace de la capitale le soin de compléter l'œuvre de Cadix.

Pendant le cours de la longue existence politique de la Reine, on chercherait donc vainement une époque où elle ait tenté d'agir inconstitutionnellement. Toujours ceux qui l'accusent ont violé le pacte fondamental. Toujours elle s'y est conformée. Elle n'a fait preuve d'initiative et d'énergie que pour encourager ses conseillers à interpréter la Constitution dans le sens le plus conforme aux intérêts et à la gloire du Pays. Ayant offert la totalité de ses biens aux combattants d'Afrique, elle les a depuis complétement abandonnés au Trésor public en faveur de la Nation. Il est impossible qu'on invoque contre elle les périodes de crise dont ses diffamateurs sont seuls la cause ; et, quant à celles de tranquillité dont l'Espagne a joui sous son règne, il n'en est pas

une dont la gloire et la fécondité ne témoignent
éloquemment en faveur de la forme gouverne-
mentale dont elle est le symbole.

III

Si rien, dans l'existence publique de la Reine
d'Espagne, ne saurait être un motif plausible
de déchéance, en vertu de quels principes des
généraux insurgés prétendent-ils faire peser
dans la balance des destinées de leur Pays leur
haine envieuse, surtout lorsque cette haine ne
peut avoir d'autre base que les bienfaits dont
Isabelle II les a comblés. Que serait Serrano,
sans elle? Que serait Ros de Olano, sans elle?
Que serait Dulce; que seraient tant d'autres
sans elle? Sa bonté n'a connu de bornes pour
personne. Ce n'est pas à la Reine que les démocrates doivent reprocher les persécutions qu'ils
ont subies; c'est uniquement à leurs alliés d'aujourd'hui. Entre Isabelle II et les démocrates on
comprendrait un rapprochement. Ce rapprochement est incompréhensible entre eux et Serrano.

On a pu persuader au peuple espagnol que
les fautes politiques des ministres responsables

sont l'œuvre de la Reine. Un des moyens de ramener ce peuple à la saine appréciation des événements contemporains serait de nier qu'Isabelle soit généreuse et bonne, car il sait le contraire, et il se demanderait alors si les hommes qui cherchent à le tromper sur ce point n'ont pas agi de même au point de vue politique. Isabelle II a eu des larmes pour toutes les infortunes, des élans pour toutes les grandeurs. Victime des calomnies les plus infâmes, elle y répond en se rendant en famille partout où le devoir l'appelle. Fille, elle a sacrifié ses plus chers intérêts à ceux de la Reine Christine. Femme, le Roi tint à honneur de rester toujours son premier sujet. Mère, elle présente sa famille; et, ceux qui la voient, comprennent de suite le cas qu'ils doivent faire des accusations anonymes de ses ennemis. Plusieurs fois, du reste, pour ne pas être accusée d'entraver la marche constitutionnelle de ses ministres, n'a-t-elle pas consenti, d'accord avec eux, à changer complétement la composition de sa maison, ce qui constituait de leur part un véritable abus, mais de la sienne un témoignage de sa condescendance pour les exigences de leur politique?

Que doivent penser des calomnies dont elle

a été l'objet, ces parisiens au milieu desquels la Reine habite aujourd'hui? Obéissant, il faut bien le dire, aux tendances de leur esprit, ils se promettaient de sourire devant une infortune sans dignité. Les récits venus de Pau avaient déjà singulièrement amorti leur résolution; mais, quand ils ont vu l'héritière de Louis XIV s'installer avec ses enfants dans le plus simple de leurs hôtels, se rendre, sans affectation, aux offices divins, visiter leurs monuments et leurs musées, s'appliquer à ne faire aucune démarche qui ne soit un témoignage de résignation, de sagesse et de modestie, ils se sont pris à réfléchir qu'ayant habité hier le plus beau des palais de l'Europe, où elle était entourée d'un faste inconnu à la plupart des autres Souverains, elle a subitement pu s'accoutumer au train plus que simple du pavillon de Rohan. La dignité dans le malheur est la plus victorieuse des réponses que puissent faire, à ceux qui l'ont calomniée sur le trône, les amis de la Reine proscrite.

Quelles ne doivent pas être la douleur et l'indignation des femmes espagnoles, si bonnes et si fières à la fois, en se représentant leur Souveraine, dans les rues d'une capitale étrangère.

privée, quoiqu'on en dise, de sa fortune, perdue au sein d'une foule qui peut hésiter à lui rendre hommage, et ne pouvant empêcher ceux qui l'aperçoivent de la considérer comme un témoignage vivant d'un sentiment répulsif à Espagne : l'ingratitude? A qui, désormais, les épouses, les mères, les jeunes filles iront-elles demander une faveur ou une grâce? Isabelle II ne savait pas dire non. Les traîtres ne savent pas dire autre chose. Qui montera les escaliers de la demeure des pauvres à la suite de l'hostie sainte pour consoler les vieillards mourants? Ce ne seront pas à coup sûr les hommes qui se basent sur les progrès de la raison pour vouloir ouvrir une synagogue devant le porche de Notre-Dame del Pilar. Qui encouragera les malheureux d'un sourire, qui les aimera, dans ce palais vers lequel se tournaient leurs espérances? Et, cependant, la misère, la ruine, la faim, la maladie, la guerre civile se présentent en deuil aux portes de toutes les cités. Ah! nous en sommes sûr, toutes les espagnoles se disent : « Qu'elle » revienne; et ces menaçants fantômes s'éloi- » gneront! »

Croit-on que cette pensée ne traverse pas également l'esprit des espagnols? On peut sourire, tant que la Souveraine est puissante, des calomnies propagées par des misérables. La tendance de l'Humanité est d'aimer à railler ce qui est puissant; c'est même grâce à cette tendance que le poison familier des d'Orléans a pu s'infiltrer dans les masses, aussi bien à l'époque d'Isabelle II et de Napoléon III qu'à l'époque de Louis XVI et de Marie-Antoinette. Mais, en présence du malheur consommé, la réflexion vient; on se dit que la Reine est une femme, et l'on éprouve un sentiment de mépris pour ceux qui emploient de telles armes contre elle.

Isabelle II a toujours été pour les artistes une amie plutôt qu'une Souveraine. Qui ne se souvient de cette existence spontanément accordée à une larme de la Ristori, malgré l'opposition obstinée du Conseil des ministres?

Que lui reproche-t-on donc? Elle n'a pas voulu abandonner de vieux et fidèles serviteurs parce qu'il a plu aux calomniateurs de leur prêter sur son esprit une influence qu'ils n'exercent pas. Sa conduite n'a-t-elle pas été en cela conforme aux lois de l'antique honneur castillan?

Elle prie! Mais que dirait l'Espagne si elle ne priait pas? Comment supporterait-elle aujourd'hui l'exil, si elle ne savait pas prier? Du jour où

les espagnols se seront rendu compte du mérite
moral qu'elle a dû déployer pour lutter contre
tant de persécutions, le procès sera jugé.

IV

Les hommes dont le maréchal Serrano est le
chef ne peuvent demander aux Cortès la déchéance d'Isabelle II que dans les termes sui-
vants :

« Attendu que, depuis sa majorité, la Reine
» Isabelle de Bourbon a toujours respecté dans
» leur forme et teneur les pactes fondamentaux
» promulgués par les représentants du Pays;
» qu'elle a poussé l'accomplissement de ses de-
» voirs constitutionnels jusqu'à admettre que
» ces pactes fussent modifiés toutes les fois que
» la Nation a paru le désirer; qu'elle n'a cessé
» de se tenir à la disposition du peuple espagnol
» pour le protéger contre l'anarchie, en demeu-
» rant l'expression vivante d'intérêts et de droits
» dont elle a toujours admis la perfectibilité;
» Attendu que les prononcés de Cadix et les
» hommes d'Alcolea sont les véritables au-
» teurs des torts qu'ils prétendent redresser;
» que c'est, en effet, pendant leur passage au

» pouvoir que les progressistes et les démo-
» crates ont été contraints d'ériger l'absten-
» tion en système, avant de l'ériger en dogme
» sous le ministère Miraflores ; qu'en les y con-
» traignant, ils ont vicié le Gouvernement cons-
» titutionnel qu'ils avaient mission de fortifier,
» et dont ils avaient juré à la Reine de déve-
» lopper les principes ;

» Attendu que, par suite de cette contrainte,
» le parti progressite et le parti démocratique
» ont plusieurs fois tenté de reconquérir par la
» force leur part d'influence sur l'administration
» du Pays ; que, pour les en empêcher, les géné-
» raux, à la tête desquels figurent Serrano, Dulce
» et Ros de Olano, ont ensanglanté à plusieurs
» reprises le sol national : qu'ils ont proscrit les
» citoyens, déporté leurs compagnons d'armes,
» entravé le commerce et l'industrie ; que leur
» cruauté ne saurait être attribuée aux circons-
» tances et à une autre volonté que la leur, puis-
» que le général Narvaez, ayant eu à triompher
» à son tour des embarras dont ils étaient la
» cause, put le faire, conformément aux désirs
» de la Reine, sans verser une seule goutte de
» sang, bien qu'il eut à venger la mort d'un de
» ses proches :

» Attendu que, pour se rendre maîtres du
» pouvoir à l'aide duquel un grand nombre d'Es-
» pagnols ont été empêchés de participer à l'ap-
» plication et au développement des institutions
» constitutionnelles, les généraux dont s'agit
» ont eu recours, en 1854, à une trahison jus-
» qu'alors sans exemple dans les annales mili-
» taires de l'Europe; qu'ils ont consommé cette
» trahison à une époque où tous les partis, lé-
» galement représentés aux Cortès, discutaient
» en présence d'un cabinet presque exclusive ·
» ment composé d'éléments civils, et à la suite
» d'élections faites au milieu du calme le plus
» profond;

» Attendu que, toutes les fois qu'ils ont gou-
» verné à la suite de cette trahison et plus
» particulièrement à l'heure où, contre le désir
» de la Reine, ils faisaient fusiller sans pitié les
» quatre-vingts sergents dont ils avaient fait
» massacrer peu de jours auparavant les neuf
» cents soldats ou partisans civils dans les rues
» et sur les places de Madrid, lesdits généraux se
» sont mutuellement gratifiés de titres, d'emplois
» et de dotations dont la ratification a été, par
» eux et à genoux, sollicitée de la Souveraine, sous
» prétexte qu'ils sauvaient son trône et le con-

» solidaient; qu'en dehors de ces avantages, ils
» sollicitaient et obtenaient pour leurs femmes,
» leurs enfants et leurs proches des faveurs
» dont le chiffre total dépasse le chiffre de plu-
» sieurs annuités de la liste civile attribuée à
» la Reine par les Cortès;

» Attendu qu'après avoir épuisé la munifi-
» cence souveraine, ils ont reconnu que le seul
» moyen d'obtenir de nouveaux avantages était
» d'en finir avec le prestige de la femme dont la
» main les a enrichis; que, pour arriver à ce
» résultat, ils ont dû faire appel aux partis con-
» traints par eux à l'abstention, ou décimés,
» d'après leurs ordres, par leurs balles, leurs
» boulets et leurs échafauds; qu'après avoir de
» nouveau exposé l'Espagne aux horreurs de la
» guerre civile et momentanément triomphé
» grâce au concours de leurs victimes de la
» veille, ils ont déclaré indispensable au bon-
» heur du Pays cette Monarchie constitution-
» nelle qu'ils venaient de frapper, donnant ainsi
» la mesure de leur bonne foi et de leur génie;
» qu'en conséquence, ils n'ont pas permis à
» leurs nouveaux alliés de réaliser, en échange
» du service rendu, le moindre article du pro-
» gramme progressiste et du programme dé-

» mocratique; qu'ils se sont, en revanche, attri-
» bué de nouveaux titres, emplois et dotations,
» de la même plume dont ils se sont servi pour
» dissoudre les Juntes provinciales et pour
» amoindrir les effets présumables du suffrage
» universel;

» Attendu qu'une conduite à ce point en rap-
» port avec l'antique loyauté castillanne est de
» nature à donner au monde une haute idée de
» ceux qui la tolèrent; qu'elle mérite, de la part
» des hommes indépendants, une approbation
» complète autant qu'une reconnaissance pro-
» fonde; qu'elle coûtera tout au plus un milliard
» de francs à l'Espagne, en admettant que l'a-
» narchie puisse être évitée; qu'il est indispen-
» sable de choisir un Souverain ayant les mêmes
» sentiments que ces généraux libérateurs, et
» qui se soit engagé d'avance envers eux par
» des versements anticipés autant que par la pro-
» messe formelle de tenir constamment à leur
» profit l'État en coupe réglée; qu'il convient
» enfin aux Cortès, réunies en invoquant l'ombre
» des Padilla, d'ériger la trahison, la vénalité,
» l'ingratitude et la lâcheté en principes cons-
» titutifs de la Société espagnole;

» Les députés de la Nation, après avoir voilé

» le portrait de leurs aïeux, proclament la dé-
» chéance de la Reine trahie, ratifient les avan-
» tages dont les traîtres se sont gratifiés, décla-
» rent que l'ingratitude et la trahison seront
» désormais des titres à l'estime du Pays, et
» glorifient la lâcheté dont on a fait preuve en
» choisissant une femme pour bouc émissaire de
» tant d'impuissance et de forfaitures. Ils auto-
» risent en outre les généraux et les amiraux
» ainsi récompensés à choisir, parmi les Princes
» de l'Europe, celui qui croira avoir acquis des
» titres à l'estime des Rois et à la confiance des
» peuples en approuvant leur conduite. Ils or-
» donnent de plus aux hommes dont le con-
» cours a été indispensable à la réussite des
» derniers événements, de rentrer promptement
» chez eux, et d'y attendre, sous la garde d'une
» armée désormais conviée à la discipline, qu'on
» veuille bien leur dire s'ils ne doivent pas aller
» bientôt rejoindre les citoyens et les artilleurs
» dont le sang tache encore le pavé de Madrid. »

V

Les considérants que nous venons d'énu-
mérer ne sont pas dictés par l'ironie. Ils sont

la stricte expression de la vérité. Il ne reste qu'à savoir si la Nation espagnole, représentée par ses Cortès, pourra supporter qu'ils soient invoqués jusqu'au bout contre une auguste victime.

N'est-il pas indiscutable, en effet, qu'en 1854, l'Espagne, jouissant d'un calme profond, gouvernée par le cabinet essentiellement civil du Comte de San Luis, représentée par des Cortès au sein desquelles figuraient tous les partis, entrait à la fois dans la voie des réformes politiques et dans celle du progrès social? Les généraux, qui profitèrent d'une trahison aussi indigne d'un soldat que d'un homme d'honneur, n'avaient-ils pas été envoyés, aux termes de la loi militaire nationale, dans des résidences où ils refusèrent de se rendre, parce qu'il leur eut été impossible d'y donner suite à leurs projets antidynastiques inspirés autant par l'avidité que par l'ambition? Ne firent-ils pas ensuite tous leurs efforts, une fois mis par leurs propres adhérents dans l'impossibilité de changer la Dynastie, pour amener, entre elle et le Peuple espagnol, un immense malentendu que devait successivement augmenter le sang de la milice nationale versé par eux en 1856, et celui des artilleurs massacrés à leur voix dix ans plus tard? N'est-ce pas uniquement aux mesures électorales appliquées sous leur direction qu'est dû le déplorable divorce d'un parti aussi nombreux qu'éclairé, et de la Dynastie placée par une majorité dès lors viciée dans l'impossibilité de s'y opposer? N'est-ce pas aux perpétuelles intrigues, aux incessants caprices, à l'égoïsme, à l'ambition inquiète et à la soif de richesses de ces généraux que l'Espagne a dû de ne pas pouvoir jouir depuis 1854 d'une seule année de tranquillité absolue? En échange du trouble qu'ils ont produit dans les esprits et dans les affaires, qu'ont donné ces généraux à leur Pays? On est obligé de répondre par le chiffre de ce qu'ils lui ont coûté. Pendant ces douze années, ils n'ont songé qu'à atteindre cyniquement et simultanément deux résultats : obtenir de la Reine tout ce qu'ils pouvaient en tirer à leur profit; la dépopulariser ensuite aux yeux de son Peuple par tous les moyens en leur pouvoir. Le sang de Manzo de Zuniga, demeuré sans vengeance après le triomphe de Narvaez, témoigne enfin que, s'ils ont fait fusiller quatre vingt jeunes sergents dont le crime était d'avoir acclamé Prim, c'est qu'ils voulaient noyer dans ce sang la Dynastie de Bourbon.

Surpris eux-mêmes de leur apparente victoire, ils ont compris que, dès le lendemain, le Peuple leur posait le fameux pourquoi auquel ils ne peuvent répondre ; et ils se sont empressés de déclarer qu'ils s'expliqueraient devant les Cortès, ayant l'espoir d'être plus heureux cette fois qu'en 1854, et la volonté de tout mettre en œuvre pour que cet espoir ne soit pas déçu.

On ne doit pas oublier qu'après Vicalvaro ce fut le parti progressiste qui protégea la Dynastie contre les tentatives ouvertement avouées des généraux insurgés en faveur du Roi de Portugal. Le vieil Espartero et le vieux San-Miguel ne voulurent pas porter la main sur le trône à la consolidation duquel ils avaient contribué. Les généraux, se voyant arrêtés dans leur œuvre et n'hésitant pas devant le choix des moyens, se convertirent ostensiblement en vingt-quatre heures à la Monarchie, afin d'en obtenir le pouvoir nécessaire pour tâcher de rendre impossible une alliance entre elle et le parti progressiste, quand ils jugeraient le moment venu de consommer la ruine de la Reine.

Eh bien ! malgré tous leurs efforts, ce qui s'est

produit en 1854 se reproduit en 1868. Le Peuple espagnol n'a pas cru davantage à la sincérité de Serrano qu'il n'a cru à celle d'O'Donnel; et, à peine Concha eut-il ouvert la capitale à ses complices de toujours que le Peuple espagnol prit dans ses bras le général Prim pour le porter en travers du chemin des généraux parjures, pour réagir encore au nom du Pays contre leur immoral triomphe.

Cette fois, nous ne croyons pas que le chef spontanément choisi par les acclamations nationales laisse aboutir les manœuvres dont sa présence rend l'emploi nécessaire. Nous ne croyons pas non plus que la Reine Isabelle, instruite par l'expérience de la valeur des protestations de dévouement des traîtres, puisse désormais tomber dans leur piége. Aussi n'ont-ils qu'une préoccupation, celle de trouver un Roi qui les autorise à agir avec Prim comme ils ont agi avec Espartero. Le Prince, dont l'argent a concouru à leur triomphe, ne croit pas le moment venu de leur permettre de se servir de son nom; et, de même que le Peuple espagnol n'entend pas accepter le progrès des mains qui ont massacré ses enfants, les autres Princes européens ne sauraient se résoudre à recevoir un trône des hommes qui ont trahi même leur bienfaitrice.

C'est seulement quelques mois avant le *pronunciamiento* de Cadix que la Reine Isabelle acquit la conviction d'une entente entre le duc de Montpensier et les généraux vicalvaristes. Trop avares pour risquer leur argent, même avec la certitude d'arriver à leurs fins, ces généraux trouvaient tout-à-coup quelqu'un qui leur en offrait ; mais, dans leur étroitesse de vue, ils n'ont pas encore compris qu'en le leur prêtant, ce quelqu'un n'a pas uniquement eu en vue l'Espagne, et que l'incendie qu'ils ont allumé doit, au gré du prêteur, se communiquer à la France.

Il faut être aveugle pour ne pas se rendre compte des efforts tentés depuis quelques années par la famille d'Orléans, dans le but de renverser l'Empire. Il faut être aveugle pour ne pas s'apercevoir surtout que cette famille tient à utiliser dans ce but les éléments républicains, afin de devenir ensuite l'unique refuge des conservateurs. Mais Napoléon III n'est pas de ces hommes qu'on renverse aisément. Pour égarer le Peuple français, il faut faire naître une série de circonstances de nature à surexciter son esprit inflammable. On a pensé

qu'une révolution en Espagne, suivie d'une pro-
clamation de la République, était un des meil-
leurs moyens à employer pour produire en France
un mouvement de même nature, d'autant plus
qu'à des maux identiques il serait plus tard facile
d'appliquer le même remède, en faisant en-
trer à Madrid le duc de Montpensier le jour
même où le comte de Paris entrerait à Paris.

Les généraux espagnols se sont étonnés qu'a-
près Alcolea, le duc de Montpensier ne s'em-
pressât pas de rentrer à Séville ou même de les
suivre dans la capitale. « — Qu'attend-il donc? »
se disent-ils encore aujourd'hui. » Nous venons
de faire entrevoir ce qu'il attend.

VI

Ce que le Peuple espagnol veut, lui, on ne
peut désormais s'y tromper : c'est une réforme
complète du Gouvernement constitutionnel dans
le sens progressite et surtout anti-militaire.

Cette réforme est-elle possible avec et par
les généraux dont la préoccupation constante
est de conserver, à leur profit, le droit de faire
prévaloir la force brutale du sabre sur les vo-
lontés de la Nation, de laisser à l'armée ce rôle

funeste qui s'oppose à toute application régulière du Gouvernement constitutionnel et rappelle les époques barbares?

Évidemment non.

Ils voudraient cette réforme, qu'il leur serait maintenant impossible de l'accomplir.

Le général O'Donnel joignait au moins quelque talent à une ambition qui n'avait d'égale que son avidité. Il se serait aperçu, lui, du piége dans lequel sont tombés ceux dont il fut le chef; il aurait compris qu'y tomber, c'était donner à leur conduite le seul caractère antipathique aux Espagnols qu'elle n'ait pas encore revêtu : celui d'une entente avec l'étranger dans le but de faciliter le retour sur le trône de France de la famille qui en est tombée en 1848, justement pour avoir voulu exercer sur les affaires espagnoles une influence exagérée.

Bien avant que les généraux songeassent à dépopulariser leur Souveraine pour arriver plus sûrement à la renverser, il s'était formé, dans le sein de sa propre famille un complot dont le but était le même, et dont les instruments devaient travailler à créer à l'étranger le foyer de calomnies que l'Espagne a toujours obstinément refusé d'allumer contre ses Rois. Dès que la naissance du premier enfant d'Isabelle II eut déjoué les espérances conçues par la maison d'Orléans, les journaux anglais et allemands commencèrent à se servir contre elle des armes employées par Philippe-Égalité, avec tant de succès, pour frapper l'infortunée Marie-Antoinette. Il fallait que le chaos se fît.

On comprend que les hommes n'ayant qu'à gagner à de tels bouleversements ne s'épouvantent pas à la pensée des conséquences qu'ils peuvent avoir; mais, en Espagne, comme en France, les intérêts se sont développés au fur et à mesure que les idées de Progrès ont pénétré. La propriété foncière est perdue si on en arrive à se dire que, du moment où Serrano et Topete se partagent les honneurs et les dépouilles de la Royauté, on peut bien se partager le reste. Les capitaux, à l'aide desquels on a pu couvrir la Péninsule du vaste réseau de chemins de fer que les routes nouvelles et les chemins vicinaux projetés allaient enfin rendre productifs, n'ont à attendre d'une guerre civile ou d'une anarchie prolongée, que la ruine la plus complète. Quant au travail, si la propriété foncière et les capitaux sont dans l'impossibilité de l'utiliser, il n'a plus en perspective que le désespoir.

L'Espagne, jalouse de demander au travail et à la stabilité l'amélioration du sort de ses fils, en même temps que de conserver sa part d'influence dans les Conseils de l'Europe proteste contre un tel avenir. Eh bien! nous avons beau examiner la question à tous les points de vue, nous sommes obligé de confesser qu'il n'en est pas un d'où il nous soit possible d'apercevoir autre chose que l'anarchie et la guerre civile, si les Cortès ne rouvrent pas à la Reine Isabelle le chemin de sa capitale. Le règne du Prince des Asturies avec une Régence serait, en dehors de cet acte de justice, la solution la moins dangereuse; mais on sait de quels troubles une minorité devient aisément le prétexte. Quant à Don Carlos, aux autres prétendants, à la République, c'est toujours, nous le répétons, l'anarchie ou la guerre civile.

VII

Après Alcolea, il eut été encore très-facile au maréchal honoré de la confiance de la Reine d'empêcher la réussite des projets anti-dynastiques que Serrano et Topete s'étaient engagés à faire prévaloir; mais, il ne faut pas oublier que, depuis la mort de Narvaez, on avait circonvenu de telle sorte la Souveraine que, dans son respect pour le régime constitutionnel, elle avait dû confier la Présidence du Conseil à l'homme le moins capable de défendre sa Couronne. Ce que Gonzalez Bravo eut fait en habit noir, Concha se garda bien de le faire malgré ses trois *entorchados*. Novaliches n'était pas encore blessé qu'Escalante préparait, dans les casernes, la remise de tous les fusils disponibles aux auxiliaires habituels des désordres de la rue. Aussi n'a-t-il plus été question ni de Concha ni de son frère, sinon pour constater la bonne harmonie qui règne aujourd'hui entre eux et les prononcés de Cadix.

Si la Reine avait appris à temps l'élan du Peuple vers le comte de Reus, elle eut peut-être précédé ce général à Madrid; mais ceux-ci avaient pris soin, d'accord avec leurs complices, d'empêcher les nouvelles d'arriver jusqu'à la Souveraine. Concha, en personne, avait chargé les capitaines généraux de Burgos et de Valladolid de télégraphier à la Reine que la voie de fer était rompue, ce qu'ils firent au moment même où les gouverneurs civils, fidèlement informés, affirmaient le contraire.

La différence qui existe entre l'homme d'Alcolea et le marquis de los Castillejos est grande en effet. Le premier, ambitieux vulgaire, se venge avec une répugnante ingratitude, de ne jamais avoir été capable de profiter politiquement des bienfaits de la Reine. Le second est un vaillant soldat, écarté systématiquement du trône par les chefs de tous les partis, parce qu'il n'a jamais voulu subordonner aux intérêts particuliers d'aucun d'eux les intérêts généraux de l'Espagne. Le premier n'a d'autre programme que l'envie ; le second a toujours formulé, dans un langage dont la franchise lui a gagné les cœurs, un programme désintéressé. Il y a quelques jours à peine, Prim a eu le courage de faire comprendre à Ros de Olano qu'un général, dont la Reine a doté les enfants et qui a pu arracher en public de son uniforme la couronne et le chiffre royal, ne peut pas rester publiquement à Madrid, même à une époque de révolution.

Aux généraux, qui veulent un complice sur le trône et se chargent ensuite, s'ils réclament autre chose, de mitrailler ceux qu'ils ont égarés, la question de savoir ce que veut le peuple espagnol importe peu. Aux hommes sérieux et à l'Europe, il importe beaucoup de s'en rendre compte, et de n'accorder de concours qu'à la forme de gouvernement et à la personne susceptibles de combler les vœux de ce peuple. — Eh bien! en admettant que ces vœux soient réellement ceux qui ont été formulés à Ostende par les représentants proscrits des partis progressistes et démocratiques, il suffit d'en avoir pris connaissance pour acquérir la certitude que le Gouvernement constitutionnel de la Reine Isabelle II est le seul qui puisse les réaliser. Sous une Régence, exposée à toutes les éventualités d'une lutte d'influences et d'ambitions personnelles, ils pourraient à peine être partiellement exaucés. Le meilleur des gouvernements indiqués jusqu'alors comme possible serait dans l'impossibilité de combler aucun de ces vœux d'une façon pratique et stable.

La liberté des cultes, le suffrage universel direct, l'abolition de la conscription, la vente des biens que la Nation possède, tant sur son sol que sur le sol de ses colonies, l'établissement du jury, la vente des mines de l'État, l'affranchissement colonial, le règlement définitif de la dette, la réorganisation des grandes Compagnies de Crédit et de Chemins de fer, le creusement des canaux, l'achèvement des routes, le développement du commerce et de l'industrie, voilà le programme formulé à Ostende, sous l'influence de Prim et d'Olozaga, par le parti progressiste, programme qui a même reçu l'approbation du parti démocratique.

La Reine constitutionnelle peut seule, dégagée par les Cortès de toute responsabilité aux yeux de la cour de Rome, servir d'intermédiaire écouté entre son Pays et cette Cour. Sur tout autre terrain, et résolue sans l'intermédiaire d'Isabelle II, la question de *la tolérance religieuse* aboutit à la guerre civile ou à la réaction la plus violente : à la guerre civile si le principe de la liberté absolue triomphe, à la réaction si les Carlistes l'emportaient un jour.

Il en est de même de toutes les autres questions soulevées par le programme d'Ostende. Est-ce que le suffrage direct est applicable sans une autorité et surtout sans une unité forte? La France a pu, vigoureusement concentrée en elle-même par une administration sans rivale, appliquer régulièrement ce suffrage pendant une année; elle ne l'aurait pas pu plus longtemps, si l'autorité du nom de Napoléon n'avait servi de clef de voûte à l'édifice au moment où il s'effondrait. Mais en Espagne, où l'administration compte quatre ou cinq personnels complets organisés, l'application du suffrage direct n'est régulièrement possible que sous le Gouvernement constitutionnel d'Isabelle II. En dehors d'elle, même avec les hommes les plus avancés, il ne peut aboutir qu'à la restriction.

La modification de la loi sur la conscription, votée par les Cortès et sanctionnée par la Reine constitutionnelle, n'est pas impossible dans les limites où la paix de l'Europe doit un jour permettre aux grands États de réduire leur armée. Votée et réalisée en révolution ou sous le gouvernement d'un Prince obligé de reconquérir les provinces au fur et à mesure qu'elles se sépareront de lui, ce serait la *leva* mexicaine introduite dans les mœurs européennes et le droit donné, au premier Serrano venu, d'embrigader de force tous les hommes valides qu'il trouvera sur son passage pour combattre avec eux ses adversaires.

L'exemple du Mexique est là aussi pour apprendre d'avance ce que deviendrait le produit des ventes réclamées par le Programme progressiste. Une année après que Juarez eut obtenu le droit de disposer des biens immenses de

main-morte, son Gouvernement faisait banque-
route ; et des maux sans nombre, dont on ne
peut prévoir la fin, s'abattaient sur cet infortuné
Pays. Réalisées régulièrement, ces ventes peuvent
au contraire devenir pour l'Espagne un moyen
de salut. C'est la ressource suprême ! Qu'Isabelle II reste proscrite ; et cette ressource aura
été dissipée avant un an sans profit aucun *pour*
le Pays. Quant aux ventes à réaliser dans les colonies, si les auteurs du *pronunciamiento* de Cadix
étaient des patriotes, au lieu d'être des hommes
d'intrigues et d'argent, la seule pensée que leur
conduite pouvait être la cause, pour le Pays, de
la perte de ses dernières possessions d'outremer
aurait dû les arrêter. Toute autre solution que
le retour pur et simple d'Isabelle II devant amener ce résultat, les enfants de Topete pourront
un jour lire dans l'Histoire que, grâce à leur
père, l'Espagne a perdu Cuba.

L'établissement du jury ne peut avoir lieu ni
pendant la guerre civile, ni pendant une minorité incessamment menacée, ni sous le règne
d'un Souverain de la veille, usurpateur aux
yeux d'une portion quelconque de ses sujets. La
Reine Isabelle, qui ne s'est jamais opposée à
son établissement, mais qui a maintes fois, au

contraire, réformé, par des actes de sa royale initiative, des jugements rendus à huis-clos, serait enchantée que les Cortès donnassent aux innocents des garanties nouvelles. Peut-on admettre qu'il en sera de même d'un Souverain élu par les hommes qui, chaque fois qu'ils ont gouverné, ont enlevé aux accusés leurs moyens de défense et condamné sans pitié à mort les plus intéressantes victimes ?

Qui a aliéné *l'exploitation des mines de l'État* et renouvelé cette aliénation chaque fois qu'elle a été sur le point d'expirer ? Les hommes de Vicalvaro.

En ce qui concerne *l'affranchissement colonial,* les progressistes et les démocrates espagnols peuvent-ils avoir la pensée qu'un Gouvernement qui envoie de nouveau à la Havane le général Dulce pourra inspirer aux noirs la patience nécessaire pour attendre qu'on ait discuté et appliqué les moyens pratiques de leur émancipation ? O'Donnel, parti pour la Havane avec 15,000 réaux empruntés au duc de Rianzares, en est revenu avec 5 millions de francs ; Dulce, parti tout aussi pauvre, en est revenu tout aussi riche. Et par quels moyens ? Personne n'ignore à Madrid le chiffre que leur a rapporté chaque tête de nègre introduit de leur consentement dans la colonie.

Il ne reste donc plus qu'à examiner la partie financière, industrielle et commerciale du programme d'Ostende, moins réalisable encore que l'autre, si la Reine Isabelle est écartée. Quels capitaux auront confiance soit dans une minorité, soit dans une république anarchique, soit dans le gouvernement d'un Souverain improvisé, soit enfin dans celui d'un Prince prêté par n'importe quel Pays imprudent? L'expérience de Maximilien est éloquente; les emprunts mexicains témoignent encore. Tout ce qui n'est pas le retour de la Reine est l'anéantissement du Crédit, des chemins de fer et des transactions. Or, cet anéantissement, c'est un recul d'un siècle. Que les Espagnols réfléchissent!

Du moment où le programme des progressistes et des démocrates ne peut être appliqué que sous le Gouvernement constitutionnel d'Isabelle II, Prim, Olozaga, Aguirre, et tous les autres chefs des partis avancés ne peuvent se prononcer contre ce Gouvernement sans forfaire au mandat qu'ils ont reçu, et en vertu duquel ils ont moins à se préoccuper de leur situation à venir que de la mission qu'ils ont acceptée. Supposons un instant l'un d'eux assez fou pour accepter une Dictature ; immédiatement il est obligé de fouler aux pieds le programme qu'il a signé. Le dilemme est absolu : ou ils veulent ce qu'ils ont déclaré vouloir, et alors Isabelle II est toujours Reine ; ou ils créent un Gouvernement nouveau, et alors ils cessent de vouloir ce qu'ils ont réclamé au nom du Peuple. La Reine complétement dégagée fera un appel direct à la Nation, au nom des principes trahis ; et nous voudrions savoir ce que, dans ce dernier cas, il restera des membres actuels du Gouvernement provisoire.

VIII

Le général Prim et les siens doivent donc s'empresser d'obtenir des Cortès la déclaration prompte et spontanée que le Gouvernement constitutionnel de la Reine Isabelle II est le seul qui soit appelé à réaliser le programme national. Il nous resterait à faire comprendre aux Nations voisines de l'Espagne l'intérêt qu'elles ont à ce que cette déclaration soit formulée. Nous ne le ferons pas par respect pour la susceptibilité glorieuse et jalouse du Peuple espagnol. Seulement, nous terminerons cette brochure par une anecdote authentique qui vient de nous être envoyée de Londres, et que l'Empereur des Français a le plus grand intérêt à méditer.

A la nouvelle du *pronunciamiento* de Cadix, un des secrétaires du duc d'Aumale s'effraya devant le Prince des complications qu'elle allait apporter à l'exécution en France des plans arrêtés par l'Orléanisme.

« Vous ne savez ce que vous dites, répondit le Duc à son secrétaire : «LA RÉVOLUTION » ESPAGNOLE, C'EST LA FLÈCHE DE PÂRIS » DANS LE TALON D'ACHILLE ! »

Le spirituel Prince, en s'exprimant ainsi, avait à la fois trouvé le moyen de traduire sa pensée et de satisfaire un reste de rancune envers le frère qu'il n'a jamais beaucoup aimé.

Paris, imp. Balitout, Questroy et Cᵉ, 7, rue Baillif.